ÉLOGE FUNÈBRE

DE MONSEIGNEUR

JEAN-BAPTISTE BOMPOIS

Prélat de la Maison de Sa Sainteté et Vicaire-Général du diocèse d'Angers

PRONONCÉ

DANS LA CHAPELLE DE LA COMMUNAUTÉ DE SAINT-CHARLES

LE 19 SEPTEMBRE 1876

PAR

M. l'abbé J. PESSARD

VICAIRE GÉNÉRAL

ANGERS

E. BARASSÉ, LIBRAIRE-ÉDITEUR, RUE SAINT-LAUD, 83

Imprimeur de Monseigneur l'Évêque et du Clergé.

1876

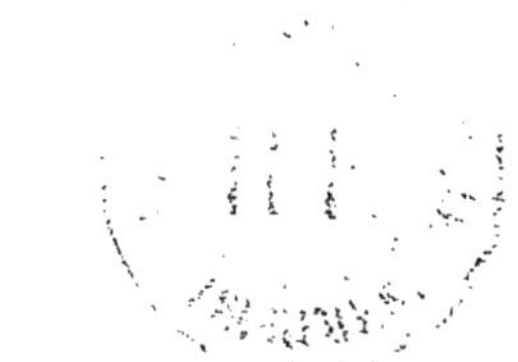

ÉLOGE FUNÈBRE

DE MONSEIGNEUR

JEAN-BAPTISTE BOMPOIS

ÉLOGE FUNÈBRE

DE MONSEIGNEUR

JEAN-BAPTISTE BOMPOIS

Prélat de la Maison de Sa Sainteté et Vicaire-Général
du diocèse d'Angers

PRONONCÉ

DANS LA CHAPELLE DE LA COMMUNAUTÉ DE SAINT-CHARLES

LE 19 SEPTEMBRE 1876

PAR

M. l'abbé J. PESSARD
VICAIRE GÉNÉRAL

ANGERS
E. BARASSÉ, LIBRAIRE-ÉDITEUR, RUE SAINT-LAUD, 83
imprimeur de Monseigneur l'Évêque et du Clergé.

1876

Justum deduxit per vias rectas.

Le Seigneur a conduit le juste par des voies droites.

(Au livre de la Sagesse, ch. x, v. 10.)

MESSIEURS, MES CHÈRES SŒURS,

Cette parole du Sage s'est présentée d'elle-même à mon esprit, et il me semble qu'elle vient se placer tout naturellement en tête de ce discours, comme l'expression fidèle et le caractère distinctif de la vie et des œuvres du vénérable défunt que nous pleurons. Soit, en effet, que j'interroge mes propres souvenirs, soit que je prête l'oreille au cri spontané de la douleur publique, il est un mot qui me revient de toutes parts et qui semble résumer ici tous les éloges : c'était un homme juste et droit en toutes choses, *Justum deduxit per vias rectas*. C'est donc à ce point de vue que je voudrais ramener tout ce que vous attendez de moi, en ce moment, pour consoler et édifier vos âmes.

Je dois l'avouer, ce n'est pas sans émotion et sans crainte que j'entreprends une pareille tâche. Outre que la simplicité même du sujet la rend plus difficile, je ne puis oublier que la voix la plus autorisée, celle du premier Pasteur, a déjà décerné à notre cher défunt un hommage public, qui par avance efface tous les autres, et qui restera dans nos annales, comme dans nos cœurs, le portrait vivant et authentique de Mgr Bompois.

Mais si mon entreprise est téméraire, j'ai pour excuse le désir même de notre éminent évêque. Il a trouvé bon que, même après sa grande et ferme parole, un témoignage spécial de regrets et de reconnaissance fut donné au vénérable défunt dans cette chapelle de Saint-Charles, si pleine de son souvenir, et il lui a plu que celui qui succédait à Mgr Bompois, dans l'administration diocésaine, inaugurât par cet éloge funèbre ses nouvelles et trop lourdes fonctions, persuadé à bon droit que rien ne pouvait nous être meilleur que d'étudier avec attention et amour un si parfait modèle. J'ai pour excuse aussi votre propre désir, Mes chères Sœurs; malgré mon insuffisance, vous avez bien voulu vous souvenir qu'il m'a été donné, plus qu'à aucun autre peut-être, de placer ma vie à l'abri de la sienne, depuis les premières études du collége jusqu'à l'heure récente et douloureuse où, agenouillés au pied de sa couche funèbre, nous recueillions ensemble son dernier soupir; et vous avez pensé que si ma parole était dépourvue d'art et d'éloquence, du moins elle serait sincère et sortirait du cœur.

Pour trouver le partage de ce discours, je n'ai, me semble-t-il, qu'à jeter les yeux sur ce pieux auditoire. J'y vois des prêtres en grand nombre que l'amitié, le respect, la reconnaissance ont réuni, des divers points du diocèse, et qui me demandent de retracer pour eux la vie et les œuvres de l'ami, du supérieur ecclésiastique qu'ils ont connu et vénéré. Mais j'y vois aussi cette communauté de Saint-Charles qui vient pleurer et honorer un père, et qui attend, à juste titre, une part large et toute spéciale dans l'éloge que nous lui consacrons. L'homme du diocèse et l'homme de votre congrégation, voilà donc, Mes chères Sœurs, la division, simple comme sa vie même, que nous voudrions adopter. D'autant qu'il nous sera possible ainsi de l'étudier tout entier, dans sa vie extérieure et publique d'abord, puis dans sa vie intime, dans cette vie du dedans qui seule peut nous faire connaître complétement un homme, car seule elle nous révèle suffisamment les mouvements de l'âme, le caractère vrai, les intentions finales, toutes choses qui sont comme le fondement caché de l'édifice extérieur et desquelles dépend en réalité la valeur des actes et des hommes. Etude redoutable pour beaucoup de personnages qui brillent au milieu du monde, mais d'un éclat tout superficiel, vain manteau d'apparat qu'on ne saurait écarter sans découvrir les infirmités du dedans. Etude éminemment favorable, au contraire, aux hommes justes et sincères, dont l'unique préoccupation est d'agir au dehors suivant leur conscience, et de mettre toujours leurs actes extérieurs en accord avec leur vie intime.

Montrer cette harmonie parfaite dans la vie du vénérable défunt, montrer qu'au dehors comme au dedans il a toujours marché droit sous l'impulsion de Dieu, tel sera l'objet de ce discours consacré à la mémoire de Monseigneur Jean-Baptiste Bompois, prélat de la Maison de Sa Sainteté, vicaire-général du diocèse d'Angers, et supérieur de la Congrégation de Saint-Charles.

I.

Au centre de l'Anjou, entre les riches vignobles du Saumurois et les forêts profondes de Baugé, entre le sol tourmenté de la Vendée militaire et les collines plus adoucies du Craonnais, la Loire s'allonge mollement, brillante écharpe d'argent et d'or qui ceint notre beau diocèse et le sépare en deux parties égales. Sur ses rives, baignées de lumière, où l'étranger s'arrête volontiers attiré par la beauté des monuments et la variété des sites, sur un sol merveilleusement fécond, habite et travaille une population nombreuse, qui semble avoir emprunté au grand fleuve quelque chose de son ampleur et de sa force, de la douceur de son air, de la tranquillité de sa marche; natures honnêtes et laborieuses, ayant dans l'esprit plus de mesure que de vivacité, et prêtes à suivre les inspirations de la religion si elles ne trouvaient parfois un écueil dans la richesse même de leur pays et dans la graisse de leur terre.

C'est sur ces bords de la Loire, au pied de Saint-Eusèbe, sur la rive gauche, plus agreste et plus rude, que naquit, en 1808, Jean-Baptiste Bompois. Il était le premier-né d'une famille de cultivateurs, au sein de laquelle une mère religieuse gardait précieusement le flambeau de la foi et les traditions de la piété chrétienne. Docile à cette direction maternelle, l'enfant ouvrit dès l'abord du côté du ciel son intelligence et son cœur; et Dieu lui faisant entrevoir dès ce moment le royaume de choix auquel il le destinait, *ostendit illi regnum Dei* (1), dès l'âge le plus tendre

(1) Sap., x, 10.

il voulut être prêtre. Gennes avait alors pour curé un homme vénérable, glorieux débris de cet ancien clergé qui avait confessé la foi sur l'échafaud et dans l'exil, M. Lecamus. Il était secondé par un jeune vicaire, son élève et bientôt son successeur, qui a dirigé cette paroisse jusque dans les dernières années, et que Mgr Bompois a toujours entouré de son affection et de sa reconnaissance. L'un et l'autre avaient distingué cet enfant pieux et appliqué à tous ses devoirs ; ils connaissaient son désir du sacerdoce, mais Dieu voulait que cette vocation fut éprouvée par le temps. Les années succédaient aux années, et déjà l'enfant avait grandi, déjà il aidait son père dans les travaux des champs, lorsqu'un jour enfin, M. Pinson l'appelle, l'interroge, lui met en main une grammaire latine, et après avoir constaté, par de fortes épreuves, que l'enfant avait autant de mémoire et de volonté qu'il montrait de sagesse et d'intelligence, il le prend définitivement pour élève. Au bout de quelques mois, Jean-Baptiste Bompois entrait au collége de Beaupréau. Il avait quinze ans.

Nous n'avons point, Mes Frères, à vous faire connaître ce collége. Il y a quelques mois à peine, dans cette même chaire, une voix délicate et émue vous redisait encore ce qu'a été pour l'Anjou cette maison de Beaupréau, source de toute la vie ecclésiastique dans le diocèse, et qui, après nous avoir donné, comme fruits exquis de sa jeunesse et de sa mort, deux établissements également précieux, a repris elle-même, dans ces derniers temps, une vie nouvelle avec les fécondes traditions de son passé.

A Beaupréau, le jeune Bompois réalisa et surpassa bientôt toutes les espérances qu'on avait conçues de lui. Ses talents remarquables, son travail soutenu le mirent en évidence, et lui conquirent bientôt parmi ses condisciples un rang élevé, où il sut se maintenir pendant toutes ses études. La lutte, cependant, était vive. Esprit plus solide que brillant, il se voyait disputer, enlever parfois la palme du vainqueur. Mais si nous en croyons ses rivaux les plus heureux, tous le regardaient néanmoins comme le premier élève d'un cours qui a donné à l'Église tant de prêtres distingués.

Remarquable par ses succès, il l'était plus encore par la régularité parfaite de sa conduite. C'était, au témoignage de ses condisciples d'alors, ses amis de tous les temps, un élève laborieux, gai sans dissipation, ne connaissant ni les discussions ni les espiégleries si fréquentes parmi les écoliers. Aussi n'a-t-on pas souvenir qu'il ait jamais subi aucune punition; et dès ce temps on pouvait lui appliquer ce que la Sainte Écriture a dit du jeune Tobie : « Il n'y avait en lui rien de l'enfance, *nil puerile* » *gessit* (1). » Dès lors, aussi, il se montrait poli, confiant et bon, toujours prêt à rendre service, également aimé et estimé de ses maîtres et de ses condisciples; et, charmant détail qu'on nous reprocherait d'omettre, toutes les fois qu'il s'agissait d'obtenir un congé ou bien la grâce d'un élève, c'était lui qu'on députait auprès de M. Mongazon : le cœur de l'excellent vieillard s'ouvrait de lui-même au contact de ce jeune cœur si pur et si bon, et la prière était toujours exaucée.

Ainsi traversa-t-il les années du collége, croissant à la fois en ces trois choses que le Roi-Prophète demandait uniquement au Seigneur : la science, la sagesse et la bonté : *Bonitatem, et disciplinam et scientiam doce me* (2).

---

(1) Tobie, I, 4.
(2) Psalm. CXVIII, v. 66.

Le Grand-Séminaire vit se continuer une vie si simple et si droite. Là, dans le silence et la retraite, sous la sage direction des vénérables prêtres de Saint-Sulpice, l'abbé Bompois s'affermit de plus en plus dans sa vocation. D'une piété calme et solide comme toutes ses autres qualités, on ne voyait point en lui ces alternatives de ferveur et de relâchement que l'on rencontre chez les hommes d'imagination. Il progressait chaque jour dans le bien et il paraissait toujours le même, semblable au jeune arbre dont la croissance et les développements restent imperceptibles parce qu'ils sont continus.

A la Trinité de 1833, l'abbé Bompois fut promu au sacerdoce et nommé vicaire à Notre-Dame de Cholet. Il trouva à la tête de cette paroisse, l'une des plus importantes du diocèse, un prêtre selon le cœur de Dieu, tout entier à son ministère et au salut des âmes, M. Ploquin. Sous un tel maître, le jeune vicaire se mit à l'œuvre avec la docilité d'un enfant, avec un zèle dont l'ardeur n'était égalée que par la prudence. En peu de temps il avait conquis l'affection et l'estime générale. Aussi fit-on tous les efforts possibles pour le conserver à Cholet. D'abord il fut chargé, conjointement avec M. l'abbé Saint-André, de la direction du collége de cette ville. Plus tard il en resta seul principal; et vous savez comment il établit cette maison dans une situation florissante qu'elle a conservée pendant de longues années avec ses supérieurs ecclésiastiques. Jeune encore, il jouissait de la confiance de tous, il était le conseiller des grands et des petits, le pacificateur des différends; et quand il fut nommé supérieur de Mongazon, son départ fut regardé comme un malheur pour la ville de Cholet. Aujourd'hui encore son souvenir y vit d'une manière spéciale, et son nom seul réveille dans les âmes des sentiments d'affection et de reconnaissance qui épanouissent les visages.

Lorsque M. Bompois arriva à Angers, le Petit-Séminaire sortait à peine d'une crise redoutable à laquelle eût succombé sans doute un établissement moins solidement constitué. Cédant à d'impérieuses nécessités financières, l'autorité diocésaine s'était vue contrainte de découronner la maison en lui enlevant les classes supérieures. Le nombre des élèves avait été par là même notablement réduit, les familles se sentaient inquiètes, les professeurs quelque peu découragés. Sans doute, et avec un admirable dévouement, le digne Supérieur que possédait alors Mongazon avait lutté contre la mauvaise fortune; et ce fut seulement après avoir vu l'avenir de la maison assuré qu'il demanda et obtint d'aller placer sous le joug de la vie religieuse des vertus et un zèle que n'oublieront jamais ses enfants d'autrefois. Il est vrai de dire cependant que la situation était sérieuse, et que moins que jamais, le choix d'un Supérieur était chose indifférente. M. Bompois justifia pleinement la confiance du premier Pasteur.

A peine arrivé au Petit-Séminaire, avec cette activité lente mais continue qui le caractérisait, il fit circuler une vie nouvelle dans toute la maison. Entouré de professeurs distingués qu'il sut retenir ou attirer à lui, et dont plusieurs, hélas! moururent jeunes à la peine, il leur communiquait le zèle qui l'animait lui-même. Sachant combien ces fonctions importantes du professorat sont en même temps pénibles, quel sacrifice journalier des forces, des préférences, de la liberté elles imposent, il s'appliqua à dédommager ses collaborateurs, en leur faisant trouver dans la vie commune une vie de famille. C'était chose facile avec lui; car tous, les anciens comme les plus jeunes, l'aimaient et le respectaient comme un père. Aussi quelle joie pour eux de se retrouver ensemble, après des heures de fatigues, dans ces réunions intimes auxquelles il présidait avec une bonhomie si sereine et si attrayante ! Là s'oubliaient les ennuis, là s'évanouissaient les petits malentendus, là l'esprit aiguisait des pointes que la charité savait toujours rendre inoffensives ; les divertissements eux-mêmes devenaient un sujet d'études, les défis, quelque travail littéraire. Et pendant que les maîtres s'attachaient ainsi de plus en plus à leur supérieur et à la maison qu'il personnifiait pour eux, les élèves recueillaient en abondance les fruits de cette union si précieuse. Ils n'avaient pas tardé à découvrir, sous cette enveloppe quelque peu rude au premier aspect, un esprit très-cultivé et un cœur d'or. Aussi toutes ces jeunes âmes s'ouvraient d'elles-mêmes au respect et à la confiance ; et quand le digne supérieur apparaissait au milieu de nous, nous nous souvenons encore de l'impression que produisaient quelques paroles d'encouragement ou de réprimande tombées de ses lèvres. Pour mériter les unes, pour éviter les autres, on faisait des prodiges. Spontanément et par le fait de la sympathie générale, il était devenu le directeur spirituel de la plupart des élèves, suffisant ainsi à toutes les tâches, à la fois supérieur, aumônier et même pendant plusieurs années économe de la maison, et montrant partout cette bonté sans faiblesse, cette puissance de travail, cet esprit pratique qui assurent le succès. Aussi le succès ne lui fit pas défaut. Au bout de quelques années la force des études, le nombre des élèves, l'esprit de la maison, les vocations ecclésiastiques, tout était en progrès : le Petit-Séminaire d'Angers entrait définitivement dans cette ère de prospérité où l'ont su maintenir des successeurs dignes d'un pareil héritage.

Mais le moment arrivait où les remarquables qualités du supérieur de Mongazon allaient se déployer sur un plus large théâtre. Une place était devenue vacante dans l'administration diocésaine : Monseigneur Angebault ne fit que répondre à l'attente et aux désirs de tout le clergé en nommant l'abbé Bompois son vicaire général.

Je ne puis sans une vive émotion aborder cette période de la vie de notre cher défunt. En devenant vicaire général, Monsieur Bompois, vous le savez, alla demeurer à l'évêché. Par une marque d'estime toute particulière, le Prélat, qui l'associait à son administration, avait voulu l'avoir près de lui pour jouir à toute heure de ses lumières et de son dévouement. Il vint donc s'établir sous ce toit hospitalier, s'asseoir à cette table où il nous était donné de le retrouver quelques années plus tard. Ah ! laissez-nous, Mes Frères, saluer du fond du cœur ces souvenirs toujours chers, que plus d'un deuil cruel est déjà venu attrister, et que domine la douce et vénérable figure de Monseigneur Angebault. C'est là, dans cette intimité précieuse de la famille épiscopale, que le ciel a voulu renouveler pour nous une seconde fois, et qui sera, dans cette double phase, l'honneur et le charme de notre vie, c'est là que nous avons pu voir de près Mgr Bompois et apprécier les services qu'il rendait à son évêque et au clergé du diocèse. Honoré de toute la confiance de Monseigneur Angebault, initié le premier à ses vues et à ses entreprises, il s'associait, avec ce caractère de prudence et de modération qui lui était propre, au zèle ardent, à l'expérience consommée du vénérable Prélat, sachant au besoin faire acte d'énergie et d'initiative, prendre sur lui des tâches délicates et pénibles et les mener à bonne fin. Chargé d'une manière spéciale de tout ce qui concernait l'enseignement dans le diocèse, il s'appliqua à cette œuvre importante avec un dévouement et une sagacité admirables. On le vit ferme et conciliant, à la fois, dans ses rapports avec l'autorité civile, conquérir l'estime et les sympathies, sans jamais rien sacrifier des droits qu'il avait mission de défendre. Il se montrait attentif à la marche et au progrès des études, aux besoins des établissements diocésains, et l'on y gardera longtemps le souvenir de ces inspections annuelles, que sa bonté rendait si agréables et son expérience si fructueuses pour les maîtres et pour les élèves. En même temps il suivait avec sollicitude toutes les œuvres de bien dont la direction lui était spécialement confiée. La Sainte Enfance, Saint-Joseph-du-Chêne, l'association des Demoiselles de la Providence, Notre-Dame-des-Champs, pour laquelle son affection fut toujours si grande et, vous le savez, si généreuse jusqu'au dernier moment : quelles œuvres a-t-il touchées de sa main, ou plutôt de son cœur, qui ne lui aient voué la plus vive reconnaissance ?

Ce qu'il a été pour le successeur de Monseigneur Angebault, quelle conformité parfaite de vues et de sentiments, surtout dans les importantes questions de doctrine, unissait le vicaire général à son Evêque et au Siége apostolique, je n'ai point à vous le rappeler. L'illustre Prélat s'est lui-même chargé de ce soin, et vous savez en quels termes. Qu'il me soit permis seulement de révéler ici un détail qui peint à la fois et la délicatesse du cher défunt et l'attachement profond qu'avait pour lui son évêque. Il y a quelques mois à peine, Mgr Bompois offrit sa démission de vicaire général. « Je n'accueillerai jamais un pareil projet ; » lui fut-il aussitôt répondu, « malade ou non, vous m'êtes trop pré-
» cieux pour que je me prive jamais de vos lumières et de votre
» collaboration. C'est là une décision bien arrêtée chez moi. »

Laissez-nous vous remercier, Monseigneur, de cette parole du cœur, qui allait consoler sur son lit de souffrance notre vénérable malade. Ah ! en écrivant ces lignes, vous saviez bien prendre les intérêts du diocèse et répondre à tous nos vœux.

Mais ce n'était pas seulement pour les œuvres générales que Mgr Bompois apportait un concours si justement apprécié. Dans l'administration d'un vaste diocèse, il est une foule de détails plus particuliers, de moindre conséquence, que le premier Pasteur ne saurait traiter par lui-même qu'au détriment d'œuvres plus importantes. Mgr Bompois se donnait à cette tâche avec un dévouement, et, j'oserai le dire, une patience admirable. Qui de vous, Messieurs, ne l'a pas constaté mille fois lorsque, frappant à cette porte qu'indiquait à tous la confiance publique, vous receviez toujours un accueil si simple et si bon ? Quelque fatigante qu'eût été la journée, quelque minime que fut la question dont on avait à l'entretenir, on était toujours sûr d'être écouté avec calme et bienveillance. Il s'intéressait à votre affaire, la jugeait avec son ferme bon sens, également éloigné d'une facilité qui eut dégénéré en faiblesse et d'une rigueur trop méticuleuse. Et quand il lui arrivait parfois de douter lui-même, avec quelle bonhomie charmante il savait le faire, pesant avec vous le pour et le contre, donnant avec réserve un avis toujours empreint de sagesse, restant le supérieur sans vouloir le faire sentir, de telle sorte que lorsqu'on le quittait, lorsqu'au seuil de son appartement où il reconduisait tous ses visiteurs, il vous saluait avec son bon visage et cette bonne invitation à *faire pour le mieux*, on savait quel était ce mieux, car on savait ce qu'il ferait, lui-même, à notre place.

Ce ne sont là, Messieurs, je le sens trop, que quelques traits épars. Mais comment analyser une vie à la fois et si simple et si pleine ? Devant vos souvenirs personnels, beaucoup plus riches que ma faible parole, n'aurai-je pas dû me contenter de dire que, pendant les vingt-six années qu'il passa dans l'administration diocésaine, tout en lui, sa ferme intelligence, sa mémoire si fidèle, son cœur si large et si bon, sa vigoureuse santé, tous les dons de la nature et de la grâce ont été employés, dépensés, sacrifiés pour le bien du diocèse et pour le salut des âmes ? Ah ! il avait compris que, si Dieu accorde quelquefois à ses prêtres les distinctions et les honneurs, c'est à la condition qu'ils feront grandir en même temps leur dévouement et qu'ils multiplieront leurs travaux, *honestavit illum in laboribus* (1).

Disons-le cependant, en lui imposant ces labeurs continuels, Dieu voulut bien, dès ici-bas, lui donner quelque dédommagement : *et complevit labores illius* (2). Les travaux de l'administration ont cela de particulièrement pénible, qu'on ne peut d'ordinaire en recueillir par soi-même et en goûter les fruits. Agissant par voie de direction, n'ayant pas de contact immédiat avec les âmes, pas de champ à cultiver d'une manière spéciale, on ne connaît point, Messieurs, la joie profonde du laboureur qui, après avoir semé peut-être dans la tristesse et dans les larmes, s'en va plein d'allégresse, pliant sous le fardeau d'une riche moisson. Il fut donné à Mgr Bompois de connaître cette joie. Tout en se consacrant avec zèle aux œuvres du diocèse, il remplissait avec une prédilection marquée d'autres fonctions dont il nous reste à parler maintenant, et qui nous permettront d'entrer plus avant dans l'intime de cette belle âme ; c'est ma seconde partie.

(1) Sap., x-10.
(2) Sap., x-10.

II.

Un des signes les plus consolants de notre époque trop féconde en tristesses, et l'un des meilleurs fondements de nos espérances pour l'avenir, c'est, sans aucun doute, l'expansion et les développements merveilleux qu'ont pris depuis trente années en France, et spécialement dans nos provinces de l'Ouest, les Congrégations religieuses vouées à l'enseignement. Puissantes par leur vocation même, qui les applique à cette double faiblesse que Notre-Seigneur a aimée et choisie, l'enfance et la pauvreté, elles se sont répandues dans les villes et dans les campagnes, accueillies avec faveur là-même où le prêtre est devenu un objet de défiance ; et pleines d'un zèle que le ciel inspire et bénit, elles nous préparent ces générations de femmes chrétiennes, qui ensuite, au sein de la famille, sauront prendre en main la cause de Dieu et verser dans l'âme de l'enfant, avec leur amour maternel, les lumières de la foi et les parfums de la piété.

Mieux qu'aucun autre, le Vicaire Général de Monseigneur Angebault pouvait apprécier cette force nouvelle mise au service de la religion. Aussi, lorsqu'à la fin de 1856, ce Prélat lui offrit la direction de la Congrégation de Saint-Charles d'Angers, il accepta sans hésiter cette nouvelle charge, qui devait lui procurer, avec des consolations profondes pour son cœur, un moyen puissant de faire le bien. Disons-le tout de suite, Mes chères Sœurs, notre intention est moins d'envisager ici l'administrateur de votre Congrégation que le directeur de vos âmes, le Supérieur que le Père. Aussi bien, n'aurions-nous qu'à nous répéter ; car Mgr Bompois n'avait pas deux manières d'agir, et ce qu'il avait été au Petit-Séminaire, ce qu'il était dans les affaires diocésaines, il le fut à Saint-Charles, l'homme ami du travail, plein d'un zèle tempéré toujours par la prudence. Qu'il nous suffise de rappeler que, dans son administration de vingt années, où il eut le bonheur d'être aidé constamment par une femme dont je ne veux dire ici qu'une seule chose, c'est qu'elle doublait en les réflétant toutes ses qualités, la Congrégation de Saint-Charles a vu s'élever le nombre de ses établissements de 72 à 131, et celui de ses membres de 278 à près de 700. M. Bompois était loin d'être indifférent à ces progrès. C'était avec une joie bien vive et toute paternelle qu'il voyait s'affermir et se développer sa chère Congrégation, heureux de constater les succès publics qui venaient d'année en année couronner ses efforts. Il faisait plus, du reste, qu'applaudir à ces succès ; il y travaillait lui-même, surveillant avec un soin spécial les études du noviciat, et de toute manière, par ses exhortations, par ses visites, par des concours annuels, stimulant le zèle des sœurs. Mais ce qu'il appréciait surtout, ce qui attirait son attention et obtenait ses soins de chaque jour, c'étaient les progrès de ses chères Filles dans les vertus de leur état, dans l'esprit religieux. Ici, Mes Sœurs, je ne puis faire mieux que de vous céder la parole ; tout mon travail sera de mettre en quelque ordre les notes si intéressantes que vous m'avez confiées, et que je voudrais pouvoir citer tout entières.

Simple et droit comme il était, *vir simplex et rectus* (1), il devait estimer tout particulièrement la simplicité. Aussi, cette vertu

---

(1) Job., II-3.

faisait-elle l'objet de ses recommandations habituelles. Disons mieux, il ne pouvait souffrir les détours et les faux-fuyants. Cet homme si bon et si facile devenait exigeant sur ce point, même dans les petites choses. Lors de ses visites à la Communauté, il voyait avec peine qu'on eût l'air de s'écarter de lui quand il traversait les galeries ou les allées de l'enclos ; il en faisait des reproches ; il ne comprenait pas la discrétion sous cette forme, tenant absolument à ce qu'on fut simple et sans détours en sa présence. Du reste, mieux que ses paroles, sa personne et sa vie entière étaient une prédication continuelle de cette vertu. Il était simple en toutes choses et avec tout le monde, avec les petits et avec les grands, avec les hommes et avec Dieu ; car sa piété revêtait tout spécialement ce caractère, et sa manière de parler des choses spirituelles faisait voir qu'il allait avec Dieu franchement et rondement, comme il aimait qu'on en usât avec lui. Aussi, comprenons-nous la parole de Monseigneur Angebault, lorsqu'un jour, terminant à Saint-Charles une de ces allocutions familières où il excellait : « Mes petites filles, disait-il, soyez simples comme » votre père Bompois. » Et le bon Évêque ajoutait, à la confusion du vénéré Père qui était présent : « Cela n'empêche pas » les talents, et même les grands talents. »

Et ne croyons pas que la simplicité fut uniquement en Mgr Bompois l'effet d'un heureux naturel. Portée à cette perfection, elle suppose nécessairement une autre vertu que la nature est impuissante à produire, et pour laquelle il faut le concours et les luttes fécondes de la grâce, je veux dire l'oubli de soi-même. Celui-là ne sera jamais complétement simple, il n'aura jamais cette droiture absolue de conduite, qui laisse l'amour-propre mêler ses influences aux inspirations généreuses de son âme, et qui consulte l'intérêt personnel, au lieu de marcher devant soi dans la ligne droite où Dieu le pousse.

Aussi, Messieurs, si la simplicité a été une des vertus les plus apparentes de notre cher défunt, un des traits les plus saillants de sa physionomie morale, je ne crains pas de dire que sa vertu la plus intime, celle qui nous donne l'explication de toutes les autres, c'est cet oubli complet, absolu de lui-même. Non, je ne sache pas qu'au milieu des affaires de tout genre qu'il a eues à traiter, aucune préoccupation personnelle soit venue jamais influer sur aucun de ses actes. Toujours disposé à rendre service, on ne le voyait calculer ni les peines ni les fatigues qui pouvaient lui en revenir. Sa grande bonté ne le mit pas toujours à l'abri de l'offense, et il la ressentait vivement : les moindres attentions le trouvaient trop sensible pour que nous puissions en douter. Mais ces blessures intimes, sa vertu savait les recevoir, les guérir, les oublier, sans qu'il en parût rien au dehors. Rendant justice au mérite des autres, toujours le premier à applaudir aux faveurs dont ils étaient l'objet, il ne lui venait pas à la pensée qu'il en était digne comme eux. Il était pour lui-même indifférent à la louange et aux honneurs; et quand, à la demande de son évêque et aux acclamations du diocèse tout entier, il reçut du Souverain Pontife les insignes de la prélature, juste récompense de ses longs travaux et de son attachement inviolable aux doctrines romaines, nous le vîmes tout surpris et tout déconcerté. Partagé entre l'étonnement et la reconnaissance, il semblait prêt à croire que cette distinction s'était trompée de chemin.

Je comprends après cela, Mes chères Sœurs, que votre vénéré Père vous ait si souvent, de vive voix et par écrit, recommandé la vertu d'abnégation et d'oubli de soi-même, insistant sur ce point avec une prédilection marquée, que toutes vos notes ont soin de faire ressortir. La bouche parle de l'abondance du cœur. Ce sujet capital, il le traitait sous toutes ses faces. Tantôt c'était l'humilité, c'est-à-dire l'abnégation de l'esprit, qu'il vous prêchait avec un soin d'autant plus vigilant que votre mission même, et l'émulation qu'elle excite, peut mettre en jeu plus facilement les amours-propres et les sentiments personnels. Tantôt et plus souvent encore, l'obéissance, c'est-à-dire l'abnégation de la volonté, faisait l'objet de ses instructions. Il y revenait sans cesse, vous y montrant la sauvegarde de toutes les autres vertus et le lien nécessaire de la vie religieuse. La pratique de l'obéissance vous est restée, comme sa recommandation suprême et son testament spirituel, dans cette dernière circulaire qu'il adressait à la Congrégation, quelques semaines seulement avant sa mort. Ah ! c'est qu'avec l'humilité et l'obéissance, avec le renoncement total, le chrétien est capable de grandes choses. Débarrassé de toutes ces préoccupations mesquines qui entravent la marche et arrêtent dans la voie du bien, alors il peut suivre Jésus : *Abneget semetipsum et sequatur me* (1). Et où va le Seigneur Jésus ? Vous le savez, au Calvaire, c'est-à-dire au sommet de la charité.

La charité, telle est, en effet, la compagne inséparable de l'abnégation, et la mesure même dans laquelle on s'oublie, est celle du dévouement que l'on mettra au service du prochain. Nous pouvons juger, dès lors, quelle fut la charité de Mgr Bompois. Nous l'avons vue déjà s'exerçant à l'égard du clergé dans les affaires diocésaines. Mais il nous faut insister en ce moment ;

(1) Matt., XVI-24.

car c'est là le trait distinctif du vénéré défunt, la vertu qui l'a rendu partout si populaire, et qui donnait, semblait-il, à chacun le droit de l'appeler comme vous, Mes Sœurs, du doux nom de Père.

Oui, il fut un Père, pour les pauvres d'abord auxquels tout ce qu'il possédait semblait appartenir de droit. Que de familles n'a-t-il pas secourues, et parfois de longues années, sans se lasser jamais ! Que de jeunes gens il a aidés dans le besoin et arrachés au mal en leur procurant un appui, une position ! Que de pauvres enfants il a placés et surveillés ensuite, avec une sollicitude toute paternelle ! Car, Mes Frères, s'il donnait sans mesure, il ne donnait pas sans discernement. Sa bonté était clairvoyante, et quand il faisait une large aumône, il savait où allaient ses libéralités. Du reste, la Providence lui venait ici merveilleusement en aide. Ses ressources, en elles-mêmes si bornées, se multipliaient comme par miracle. Semblable au vase d'huile de la veuve de Sarephta, cette bourse où il puisait sans cesse paraissait ne pas diminuer : *Lecythus olei non est imminutus, propter verbum Domini* (1). C'était la parole du Seigneur : Donnez et l'on vous donnera : *Date et dabitur vobis* (2). Sans qu'il eût besoin de demander jamais, des âmes délicates et élevées se faisaient une joie de lui confier la distribution de leurs aumônes, sûres que ces largesses seraient d'autant plus agréables à Dieu qu'elles passaient par des mains plus pures, et qu'elles demeuraient plus ignorées des hommes.

Mais c'est ici surtout, Mes Sœurs, qu'il faut vous laisser la

---

(1) III Reg., XVII-16.
(2) Luc, VI-38.

parole. Car c'est votre terrain, et mieux que personne vous avez pu apprécier l'étendue et les délicatesses de sa charité.

Mgr Bompois entrait assez souvent à Saint-Charles par la porte du dispensaire. Presque toujours il s'arrêtait dans la salle d'attente avec les pauvres, les malades, les vieillards qui venaient réclamer des remèdes et des secours. Il traitait ces malheureux avec une bonté, un respect que sa foi ardente pouvait seule expliquer. Il s'informait, par le détail, de leurs peines, de leurs maladies, de leurs moyens de subsistance. Pour tous il avait un mot de consolation, un encouragement et presque toujours une aumône offerte avec une délicatesse qui ravissait ces pauvres gens.

Et que de traits charmants nous pourrions rapporter ici ? Tantôt, nous le verrions soutenir d'une main attentive les pas chancelants d'une pauvre vieille et lui aider à franchir le seuil de ce dispensaire où elle va chercher des secours ; tantôt, obligé d'emprunter lui-même pour subvenir au loyer d'une famille nécessiteuse ; ou bien encore, ce qui nous touche davantage, sacrifier son temps, ce temps dont il était si avare, pour se faire le secrétaire des pauvres et rédiger lui-même une pétition ou une lettre à l'adresse d'un fils absent.

C'est par des traits de ce genre, accomplis avec une simplicité qui en doublait le prix, que Mgr Bompois avait su gagner les cœurs de tant de malheureux, qui le chérissaient comme un père. On le vit bien pendant ces derniers temps. Avec quelle anxiété ils nous demandaient des nouvelles du vénéré malade, et priaient Dieu « de le leur rendre ! » Avec quel touchant empressement ils accoururent ensuite auprès de sa dépouille mortelle, pour contempler une dernière fois, à travers leurs larmes, ce visage qui si souvent s'était incliné vers eux et leur avait souri ! Ah ! larmes du peuple autour d'une couche funèbre, combien vous êtes plus éloquentes que toutes nos paroles, pour peindre, dans leur profondeur et leur délicatesse, la reconnaissance des pauvres et la bonté admirable qui savait l'inspirer !

A côté du pauvre, l'enfant. Il en est ainsi dans l'Evangile ; il en est ainsi à Saint-Charles. Et sous ce rapport encore, Mes chères Sœurs, votre vénéré Père vous donnait l'exemple avec la leçon. Souvent, du dispensaire des pauvres il passait dans la cour de l'école. Dès qu'il apparaissait, les enfants l'entouraient avec bonheur ; il les connaissait presque toutes par leur nom ; il s'informait de leurs progrès, de leur conduite ; et si quelqu'une d'entre elles laissait à désirer, il ne manquait pas de l'encourager à mieux faire en lui promettant une récompense qu'il viendrait bientôt apporter lui-même. Cette récompense annoncée, c'était pour lui une affaire ; il avait une petite âme à soutenir, à remettre dans la bonne voie : il ne l'oubliait jamais.

Après cela, Mes chères Sœurs, il avait bien le droit de vous recommander les enfants et les pauvres ; et quelle force merveilleuse devaient avoir les plus simples paroles corroborées par une telle vie ?

Mais si la charité envers les enfants et les pauvres est la mission spéciale de votre Congrégation, si c'est là, comme il avait soin de vous le rappeler, votre unique rôle, la mission du prêtre s'étend plus loin. Pour lui, il y a d'autres pauvres à secourir que les déshérités des biens de la terre, d'autres ignorances à éclairer que celle de l'enfant qui apparaît à la vie, d'autres maladies à soigner que celles du corps. Venir en aide à toutes les faiblesses spirituelles, guider les âmes pour les mener à Jésus-Christ, voilà pour le prêtre sa vocation essentielle et l'objet suprême de sa charité. C'est là aussi qu'a excellé notre cher défunt. Tout en s'appliquant à la direction générale de votre Congrégation, il ne reculait pas devant la conduite particulière des âmes. Non-seulement pendant les retraites et le temps des vacances, où chacune de vous était admise à lui découvrir son intérieur et à réclamer ses avis, mais dans le cours de l'année, toutes les fois qu'il en était besoin, il se tenait à votre disposition, prêt à sacrifier ses loisirs, à prendre même sur son repos plutôt que de laisser dans la souffrance une âme qui attendait de lui quelques lignes de conseils ou d'encouragements. C'est dans cette correspondance spirituelle, dans cette direction intime, et là seulement, qu'on peut bien juger des lumières et de la charité de Mgr Bompois. Dans les circonstances ordinaires, il fallait avec lui marcher droit et ferme, et il menait les autres, comme il allait lui-même, simplement et résolûment à Dieu. Mais s'il survenait quelque épreuve inattendue, quelque difficulté plus grande, quelque chagrin sérieux, quelque défaillance même, sa direction prenait un caractère tout nouveau. Cet homme, en apparence grave jusqu'à la froideur, devenait un père compatissant, miséricordieux et presque tendre. Il parlait peu, c'était sa nature, mais ses paroles étaient toutes appropriées aux besoins, et l'on sentait qu'un intérêt véritable et profond les inspirait. Aussi ne se contentait-il pas de quelques avis donnés une fois ; il suivait avec une sollicitude paternelle l'âme qui s'était ouverte à lui, et il saisissait toute occasion pour lui venir en aide. Avec un rare discernement des esprits et des caractères, il savait employer tour à tour ou unir ensemble la force et la douceur, excitant les âmes timides et irrésolues, guidant d'une main plus ferme les natures plus courageuses, et, sans jamais devancer la grâce, habile à la seconder et à lui faire porter des fruits.

Qui dira, Mes chères Sœurs, tout le bien qu'a fait à votre Congrégation cette direction de vingt années, à la fois si paternelle et si forte, si bienveillante et toujours si pleine de réserve et de gravité, qui ouvrait les cœurs à la confiance, en faisant croître le respect?

Mais ce n'est pas seulement à Saint-Charles que se manifestait cette action bienfaisante du vénéré défunt, et nous oublierions l'un des traits les plus particuliers de sa charité sacerdotale, si nous ne rappellions, en terminant, avec quel zèle et quelle persévérance il s'est livré à la direction plus intime du saint tribunal. Chaque matin, dès cinq heures et demie, les rares fidèles déjà présents à la Cathédrale entendaient retentir ce pas lent et mesuré qui le faisait reconnaître entre tous. Il venait s'agenouiller devant cet autel de Notre-Dame de Pitié, à laquelle il avait, comme tant de fidèles angevins, une dévotion toute particulière; puis il prenait place au confessionnal où l'attendait déjà quelque pauvre mère de famille, quelque humble fille de service pressée de regagner la maison. Semblable au divin Maître, c'était en effet par les petits et les humbles qu'il commençait chaque matin son ministère; c'étaient eux qui avaient les prémices de sa journée et de son zèle. Les autres venaient ensuite et en grand nombre; car tous les rangs, toutes les conditions se trouvaient réunis et confondus autour de ce modeste confessionnal; tous étaient accueillis avec la même charité, sans aucune acception de personnes; ou si l'on pouvait saisir quelque différence, c'est que pour les pauvres sa direction était peut-être plus patiente, plus miséricordieuse, tandis qu'aux personnes de qualité il ne craignait pas de dire, sans ménagement, les vérités utiles.

Ici, Mes Frères, je comprends qu'il faut mettre un terme à ce discours déjà trop prolongé. Et cependant, comme il rappelle peu cette image sereine et forte, illuminée par la bonté, qui vit et rayonne au fond de tous vos cœurs? Pour compléter cette imparfaite ébauche, il nous aurait fallu vous redire la foi du vénéré défunt, foi si simple et si éclairée, si ferme et toujours si docile à la direction du Saint-Siége, sa tendresse filiale pour le Père commun des fidèles, qu'il eut le bonheur de visiter un jour, et dont la main bénissante se posa sur sa noble tête, sa dévotion si vive au Sacré-Cœur de Jésus et à la Très-Sainte Vierge, dont il visita successivement les sanctuaires privilégiés, son culte spécial pour le glorieux Epoux de Marie, et ce pèlerinage annuel de Saint-Joseph-du-Chêne, devenu pour lui comme une dette sacrée et toujours si chère à son cœur!

Ainsi avançait-il dans la vie, entouré de l'estime et de la confiance publique, toujours calme et bon au milieu des affaires de toute nature dont il était accablé, et faisant bien chaque chose parce qu'il la faisait comme s'il n'en eût pas eu d'autre, et qu'il y mettait tout son cœur et toute sa foi. Nous espérions jouir longtemps encore de son zèle et de ses lumières : sa robuste constitution semblait nous en donner le droit. Lui cependant sentait ses forces s'affaiblir; et depuis quelques années il pensait à la mort et s'y préparait d'une manière spéciale. « Ma fille, » disait-il il y a environ deux ans, à une religieuse qui avait été aux portes du tombeau, « c'est un avertissement que le bon Dieu » vous donne. Il m'en donne aussi à moi de temps en temps. » Profitons-en pour nous tenir prêts. » Prêt, il l'était assurément le bon et fidèle serviteur ; et quand, il y a dix mois, une attaque soudaine de paralysie le réduisit à l'impuissance, sa journée, trop tôt finie pour nous, était bien remplie aux yeux du divin Maître. Avec quel soin pourtant il profita des longs mois de sa maladie pour se préparer au dernier passage et perfectionner son sacrifice. Dès le commencement, s'abandonnant tout entier à la sainte volonté de Dieu, il accepta sans murmure, mais non sans mérite, cette inaction forcée si contraire à sa nature et à ses habitudes. Il ne refusait pas sans doute le travail, si Dieu voulait bien lui rendre une partie de ses forces d'autrefois. Il s'intéressait toujours aux œuvres auxquelles il avait consacré sa vie, et c'était avec joie qu'il en recevait des nouvelles de la bouche d'un collègue bien cher, dont l'amitié fidèle et délicate le visitait chaque jour. Dès lors, cependant, il concentra tout particulièrement sa pensée et son attention du côté des choses du ciel. Toujours calme au milieu des souffrances, reconnaissant des moindres soins qu'on pouvait lui rendre, il édifiait tous ceux qui l'approchaient par sa résignation et sa piété. Vous seules pourriez nous raconter ces choses, anges de la charité qui avez veillé à son chevet avec une sollicitude si filiale pendant ces longues semaines ! Que de prières il a redites avec vous ! Que de neuvaines il a fait se succéder avec une foi si vivante et une dévotion si naïve !

Mais le fatal dénouement approchait. En vain une amitié aussi attentive que respectueuse avait cherché, par un séjour de quelques semaines à la campagne, à conjurer les progrès du mal. Ils devenaient rapides et effrayants, et le vénéré malade ne rentra à Angers que pour mourir. Du moins eût-il la consolation, Mes chères Sœurs, de mourir au milieu de vous. Il avait voulu, suivant une douce habitude, célébrer sa fête à Saint-Charles.

Dieu lui donna d'y consommer son sacrifice. Nourri une dernière fois du pain des anges qui avait si souvent pendant sa maladie réjoui et fortifié son âme, consolé par la visite et la bénédiction de son évêque, qui ne pouvait se faire à la pensée d'une telle perte, il rassembla ses forces défaillantes pour remercier et pour bénir cette chère congrégation « qui » disait-il, « m'a fait tant de bien et que j'aime tant » ; et après vous avoir donné une dernière preuve de son affection et de sa sagesse, en désignant pour lui succéder à Saint-Charles un prêtre vraiment digne de lui et de vous, il demanda à Dieu pardon et miséricorde, invoqua Notre-Dame de Lourdes, et dit en union avec Notre-Seigneur : « Mon Père, je remets mon âme entre vos mains. » Ce furent ses dernières paroles, suivies bientôt de son dernier soupir.

Et maintenant, Mes chères Sœurs, il vous reste sa dépouille mortelle, legs suprême de sa tendresse, déposée dans cette chapelle de Notre-Dame de Lourdes qu'il avait vu bâtir avec tant de joie, et qui deviendra pour vous, à double titre désormais, l'objet d'un pieux pèlerinage. Mais il vous reste aussi et surtout, il nous reste à tous le souvenir de ses vertus, de cette vie simple et modeste, étrangère aux grands événements, aux œuvres éclatantes, et par là-même si bien faite pour nous servir de modèle ; vie dont tout le secret a été de marcher droit dans la voie du devoir, droit aux yeux des hommes dans les diverses fonctions qu'il a eues à remplir, et droit aux yeux de Dieu dans cet intime de la conscience, toujours si bien d'accord avec ses paroles et avec ses actes : *Justum deduxit Dominus per vias rectas.*

Qu'il en soit ainsi de nous, Messieurs et Mes chères Sœurs ! c'est la recommandation pressante que ce vénéré Père nous adresse du haut du ciel où le Seigneur, j'en ai la confiance, l'a déjà reçu dans sa miséricorde. Comme lui, dès le matin de notre vie, nous avons eu le bonheur de voir et de connaître le royaume de Dieu : *ostendit illi regnum Dei.* Comme lui, par une faveur spéciale, nous avons reçu en partage la science des choses saintes : *et dedit illi scientiam sanctorum.* Comme lui, nous avons à parcourir une vie de labeurs et de peines, mêlée peut-être de quelques honneurs, *honestavit illum in laboribus.* Ah ! puissions-nous travailler comme lui, nous oubliant nous-mêmes pour ne songer qu'à Dieu et au prochain, et mériter ainsi cette grâce dernière qui mettra le complément et la perfection à toutes nos œuvres, et les fera fructifier pour la vie éternelle ! *Et complevit labores illius. Amen !*

Angers, imp. E. Barassé.

19

www.ingramcontent.com/pod-product-compliance
Ingram Content Group UK Ltd.
Pitfield, Milton Keynes, MK11 3LW, UK
UKHW020514230726
13925UKWH00005B/2163